AF234184

ORDONNANCE DU ROY,

Portant réglement sur les Revûes des Commissaires des guerres, & les Décomptes de l'Infanterie françoise & étrangère.

Du premier Juillet 1749.

DE PAR LE ROY.

SA MAJESTE voulant prévenir les abus qui pourroient s'introduire dans les Revûes des Commissaires des guerres, & procurer aux Capitaines de ses troupes d'Infanterie françoise & étrangère, les moyens d'entretenir leur compagnie pendant la paix, & en réparer les pertes, Elle a ordonné & ordonne ce qui suit:

A

ARTICLE PREMIER.

LES Commiſſaires des guerres, à commencer du premier novembre prochain, feront leurs revûes tous les deux mois, du 20 au 30 du premier mois, pour ſervir au payement de la ſubſiſtance des troupes d'Infanterie françoiſe & étrangère. Ces revûes feront faites par appel, ſur le contrôle que chaque Capitaine dreſſera la veille de la revûe, des hommes dont ſa compagnie eſt compoſée, lequel ſera certifié véritable & ſigné par lui, les Officiers ſubalternes, & les Sergens de la compagnie; & en l'abſence du Capitaine, le premier Officier ſubalterne de la compagnie, ſera tenu de dreſſer ce contrôle.

Les contrôles des compagnies feront remis au Colonel du régiment, &, en ſon abſence, au Lieutenant-colonel, & à ſon défaut, au Commandant du corps, par lequel ils feront viſez, ainſi que par le Major, & en l'abſence de ce dernier, par l'Aide-major ou autre Officier chargé du détail, après avoir vérifié s'ils ſont conformes au livre du contrôle général du régiment : le Major les remettra enſuite au Commiſſaire des guerres, au moment de ſa revûe, pour en faire l'appel compagnie par compagnie, qui à cet effet feront miſes en haie, les Officiers à leur tête.

Il ſera envoyé aux Majors des modèles de ces contrôles, pareils à celui joint à la préſente ordonnance, contenant par colonnes le nom de baptême & de famille, celui de guerre, l'âge, la taille & le lieu de la naiſſance de chacun des hommes de la compagnie; & dans la dernière colonne il ſera marqué ceux qui feront préſens ſous les armes, les abſens par congé, depuis quel temps, pour

1.er Juillet 1749

3

combien de temps , & les lieux où ils font allez ; & les malades , tant à l'hôpital de la place , qu'à la chambre & aux
hôpitaux externes , en fpécifiant le nom de la place de
l'hôpital externe , & depuis quel temps ils y font.

Ces contrôles feront joints aux extraits de revûe , que
les Commiffaires des guerres enverront au Secrétaire
d'état ayant le département de la guerre , qui fera faire
des vérifications des Soldats abfens ou malades aux hôpitaux externes ; & en cas d'infidélité reconnue dans ces
contrôles , le Commandant du corps fera interdit , &
privé de fes appointemens pendant un mois ; il fera
retenu un mois d'appointemens au Major , ou autre Officier chargé du détail , qui les aura vifez ; le Capitaine de
la compagnie fera mis en prifon pendant fix mois , &
confervera cependant fes appointemens , pour qu'il ne
foit pas privé des moyens d'entretenir fa troupe ; les
Officiers fubalternes de la compagnie feront mis en prifon pendant un mois , & privez de leurs appointemens ;
& les Sergens feront caffez & mis en qualité de fimples
Soldats à la queue de la compagnie. Le Major , ou autre
Officier chargé du détail , fera tenu de repréfenter le
livre du contrôle général du régiment au Commiffaire
des guerres , lorfqu'il en fera par lui requis , pour y faire
les vérifications qu'il jugera néceffaires.

I I.

SA MAJESTÉ étant informée que ce qui a été précédemment prefcrit aux Commiffaires des guerres fur les
revûes , n'eft pas exactement obfervé ; & voulant renou-
veller ici les difpofitions énoncées dans les ordonnances

A ij

rendues en differens temps à ce sujet, Elle entend qu'ils se conforment à l'avenir à ce qui leur est ci-après ordonné.

I I I.

LES Commissaires des guerres, avant de faire leurs revûes, en demanderont la permission aux Gouverneurs ou Commandans des places, qui ne pourront la leur refuser sans des raisons dont ils informeront sur le champ le Secrétaire d'état ayant le département de la guerre : ces Commissaires avertiront les Majors des places quelques jours avant, du jour & de l'heure qu'ils auront pris pour faire la revûe ; & ces derniers en préviendront les Officiers-majors des régimens, qui, de leur côté, en informeront les Capitaines, afin qu'ils tiennent leurs contrôles prêts, pour être remis aux Commissaires des guerres au moment de leurs revûes, auxquelles les Officiers-majors des places se trouveront, & veilleront à ce qu'il ne s'y passe aucun abus.

I V.

TOUTES les gardes, postes, & les travailleurs, même aux travaux du Roi, des bataillons qui passeront en revûe, seront généralement relevez par d'autres bataillons de la garnison ; & au cas qu'il n'y en eût qu'un dans la place, les gardes & postes seront relevez par la compagnie des Grenadiers, & si elle ne suffit pas, par des compagnies entières, qui passeront ensuite en revûe devant le Commissaire des guerres : l'intention de Sa Majesté étant que tout ce qui se trouvera dans la place, soit présent à l'appel, pour y répondre en personne.

V.

1 Juillet 1749

V.

LES Soldats malades, tant aux hôpitaux de la place, qu'aux hôpitaux externes, feront compris dans les revûes pour le nombre employé fur le contrôle qui en fera remis aux Commiffaires des guerres par les Officiers, lefquels répondront de la vérité, ainfi qu'il eft porté par l'article premier de la préfente ordonnance.

A l'égard des hôpitaux de la place, défend Sa Majefté aux Directeur & Contrôleur, fous peine d'un an de prifon, & d'être privez de leur emploi, d'y recevoir des enfans, domeftiques ou gens eftropiez ou défectueux, qui leur feroient préfentez à la veille des revûes, pour les faire paffer fur le pied de Soldats malades.

Sa Majefté, en rappellant les difpofitions de fon ordonnance du 20 avril 1717, portant réglement pour les hôpitaux de fes troupes, veut & entend qu'au jour marqué pour les revûes, le Directeur de l'hôpital remette au Commiffaire des guerres, un état de tous les Soldats qui y feront alors malades, figné & certifié de lui. Défendant Sa Majefté audit Directeur & au Contrôleur, de laiffer fortir, ledit jour de revûe, aucun Soldat de l'hôpital (& à cet effet la configne en fera donnée par les Officiers-majors de la place aux fentinelles de garde aux portes de l'hôpital) jufqu'à ce que le Commiffaire, après fa revûe, s'y foit tranfporté, pour procéder à la vérification dudit état, qui devra être conforme aux contrôles qui lui auront été remis par les Officiers.

Quant aux Soldats déclarez malades à la chambre, le Commiffaire des guerres fera tenu, immédiatement après

A iij

sa revûe, de s'y transporter pour en faire l'appel, & les comprendra dans sa revûe.

V I.

TOUT passe-volant qui sera dénoncé, sera arrêté sur le champ, conduit en prison, & condamné aux galères perpétuelles ; & il sera délivré au dénonciateur son congé absolu, & la somme de cent livres sur les appointemens du Capitaine, lequel, ainsi que les Officiers subalternes & les Sergens de la compagnie, encourront la punition portée par l'article premier de la présente ordonnance.

Tout artisan, domestique, ou autre non engagé, sera puni comme passe-volant.

Tout Soldat d'un régiment, qui sera surpris dans un autre pour y passer en revûe, sera aussi puni comme passe-volant ; & il en sera usé de même à l'égard d'un Soldat du même régiment qui se présenteroit à la revûe dans une autre compagnie que celle où il seroit engagé.

V I I.

LES Officiers seront tenus à chaque revûe, de porter les armes affectées à leur charge, même les Enseignes leur drapeau déployé ; & lorsque la troupe défilera devant le Commissaire des guerres, les Soldats porteront leurs armes, & les tambours battront aux champs.

V I I I.

LES Commissaires des guerres ne comprendront les Officiers dans leurs revûes, que du jour de leur réception au corps ; Sa Majesté leur défendant très-expressément d'y faire mention des nouveaux Officiers qui entreront dans le service, auxquels Elle auroit fait expédier

1.er Juillet 1749.

7

des commissions, lettres ou brevets, pour des charges où ils n'auroient pas encore été reçus ; & à cet effet ils continueront à marquer l'emploi vacant, jusqu'à ce que l'Officier qui doit le remplir, ait joint le corps, & alors il sera mention dans la première revûe où il passera présent, de la date de sa commission, lettre ou brevet, ainsi que du jour de sa réception au corps, à commencer duquel il sera payé de ses appointemens : Entend néanmoins Sa Majesté, que les Officiers qui monteront à de nouveaux grades dans les mêmes corps pendant le temps d'un congé ou semestre, jouissent des appointemens attribuez à leur nouveau grade, à compter de la date de leur lettre, en rejoignant leur troupe à l'expiration de leur congé ou semestre.

I X.

LES Commissaires des guerres feront mention dans les extraits de revûe, des emplois vacans, depuis quand ils le sont, les noms des Officiers qui les remplissoient, & si c'est par mort, abandonnement ou autrement.

X.

ILS marqueront dans chaque extrait de revûe, les Officiers absens, le jour de leur départ, le lieu où ils sont allez ; si c'est par semestre ou congé, & pour combien de temps, ainsi que ceux qui se seront absentez sans permission de Sa Majesté, & depuis quel temps.

X I.

DÉFEND Sa Majesté aux Commissaires des guerres de marquer sur leurs extraits de revûe, aucun Officier absent par congé, lorsqu'il sera parti du régiment avant l'arrivée dudit congé ; & en ce cas, le Major sera tenu de le remettre au Commiſſaire des guerres, qui le renverra au Secrétaire d'état ayant le département de la guerre, pour être annullé.

X I I.

LES Officiers rejoignans leur corps à l'expiration de leur ſemeſtre ou congé, ſeront tenus de prendre un certificat de leur arrivée du Commiſſaire des guerres, viſé du Commandant de la place, qu'ils remettront au Tréſorier, qui, en conſéquence dudit certificat & de ceux de non-payement, leur ſera le décompte de leurs appointemens pendant leur abſence.

X I I I.

LES Commiſſaires des guerres feront mention dans les premières revûes qu'ils feront aux troupes qui arrive-ront dans leur département, du jour qu'elles y ſont arrivées, & de celui que leur payement devra commencer; en obſervant de rappeller dans cette première revûe, les jours qu'elles auront marché en vivant de leur ſolde : à cet effet les Majors feront tenus de leur repréſenter les certificats des Commis de l'extraordinaire des guerres des lieux d'où leſdites troupes ſeront parties, juſtifiant du temps qu'ils auront ceſſé de les payer, & les originaux des routes ſur leſquelles elles auront marché, pour connoître les jours pendant leſquels elles n'auront pas reçu l'étape dans les lieux où il n'eſt pas d'uſage d'en fournir, & il en ſera fait mention dans l'extrait de revûe, pour que le décompte puiſſe leur en être fait.

Les Commiſſaires des guerres marqueront pareillement ſur leurs extraits, le jour du départ de chaque troupe, &

le

9

le nombre de jours que la subsistance devra lui être payée dans la place jusqu'à celui de son départ exclusivement.

Lorsqu'un régiment partira d'une garnison pour se rendre dans une autre, la revûe lui sera faite à son arrivée, ou peu de jours après, pour servir au payement de la subsistance des jours qui resteront à expirer du mois dans lequel il aura marché, & le suivant en entier; c'est-à-dire, que s'il a marché pendant une partie du mois de janvier, il lui sera fait une revûe pour les derniers jours de janvier & celui de février en entier; si au contraire il n'a marché que pendant une partie de février, les derniers jours dudit mois seront compris & rappellez dans la revûe qui lui sera faite pour servir au payement de la subsistance des mois de mars & avril, & le même ordre sera observé dans tous les autres mois de l'année : l'intention de Sa Majesté étant que si un régiment étoit en marche pendant le mois de mai en entier, ou qu'il n'arrivât à sa destination que dans les derniers jours dudit mois, le décompte du complet accordé par l'article XVIII ci-après de la présente ordonnance, soit réglé sur la revûe du mois de juin, qui n'embrassera point celui de juillet, ce dernier mois devant être joint avec celui d'août.

XIV.

LES extraits de revûe seront dressez par les Commissaires des guerres, dans la forme précédemment prescrite, & dont il leur sera envoyé des modèles.

XV.

CES extraits de revûe seront signez par les Commissaires des guerres & par les Gouverneurs des places, ou, en leur abſence, par les Lieutenans de Roy ou Commandans, & par les Majors: & lorſque leſdits extraits contiendront pluſieurs feuilles, elles ſeront ſignées ſur toutes par les ſuſnommez, à peine auxdits Officiers & Commiſſaires des guerres, de répondre des abus qui pourroient être commis en y inſérant des feuilles différentes.

Et dans les lieux où il n'y aura point d'Etat-major, le Commiſſaire des guerres ſera tenu d'en faire mention, & ſignera ſeul.

X V I.

LES Commiſſaires des guerres enverront dans le courant du mois qui ſuivra celui où ils auront fait leurs revûes, des extraits au Secrétaire d'état ayant le département de la guerre; & ils remettront en même temps de pareilles expéditions à l'Intendant de la province, au Tréſorier de la place, ainſi qu'aux munitionnaires des vivres & autres fourniſſeurs.

X V I I.

ORDONNE Sa Majeſté qu'il ne ſoit accordé de congé abſolu ni limité à aucun Sergent ni Soldat, du premier mai juſqu'au ſemeſtre; défendant aux Commiſſaires des guerres de les comprendre dans leurs revûes : ſon intention étant que tous les Soldats reſtent à leurs drapeaux pendant l'été, afin d'être en état d'agir où Elle jugera à propos de les employer. A l'égard de l'hiver, Sa Majeſté permet qu'il ſoit accordé trois congés limitez par compagnie, dans celles qui ſont compoſées de quarante & de trente-cinq hommes, quatre pour celles de ſoixante hommes, cinq pour chacune de celles de ſoixante-douze &

11

soixante-quinze hommes, sept pour celles de cent, & neuf pour celles de cent vingt hommes; lesquels Soldats absens par congé seront compris dans les revûes des Commissaires des guerres. Aucun de ces congés ne sera délivré qu'il n'ait été préalablement présenté au Commissaire des guerres, qui le visera & en tiendra un contrôle exact; & au départ d'un régiment, il remettra une copie signée de lui, à l'Officier chargé du détail, de ceux qui se seront absentez par congé, pour la présenter au Commissaire des guerres sous la police duquel le régiment passera.

X V I I I.

Il continuera d'être fait tous les deux mois sur chaque revûe, un décompte définitif, tant de la subsistance des troupes que du pain : mais Sa Majesté ayant déterminé de faire vérifier avec la plus grande exactitude, au mois de mai de chaque année, l'état de ses troupes d'Infanterie par les Inspecteurs généraux, sur les ordres qu'Elle leur fera expédier pour se rendre dans les différentes places où elles tiendront garnison ; Elle entend que lesdits Inspecteurs constatent alors leur situation, le nombre d'hommes qu'il y aura à chaque compagnie, & leur qualité, qu'ils réforment ce qui s'y trouvera de défectueux, & qu'ils établissent par leurs revûes ce que chaque Commissaire devra comprendre dans la sienne. Ordonne à cet effet Sa Majesté, auxdits Commissaires, de ne procéder à la revûe qu'ils feront dans le mois de mai, que conjointement avec lesdits Inspecteurs, ou ceux qui seront commis par Sa Majesté pour en faire les fonctions, qui les préviendront des jours qu'ils feront l'inspection de chaque corps. Et dans le principe que Sa

A vj

Majeſté s'eſt fait de donner aux Capitaines les moyens néceſſaires pour rétablir leur compagnie dans le courant de l'hiver, bien entendu qu'ils en auront profité, & qu'ils auront fait tous leurs efforts pour mettre leur troupe dans l'état convenable à ſon ſervice; Veut Sa Majeſté, que ſur les revûes des Commiſſaires des guerres, qui ſeront faites, relativement à celles des Inſpecteurs, dans le mois de mai 1750, & dans le même mois des années ſuivantes, juſqu'à ce qu'il en ſoit autrement ordonné par Sa Majeſté, il ſoit fait, par le Commis de l'extraordinaire des guerres, chargé du payement de la troupe, un ſupplément de décompte aux compagnies de Fuſiliers, ſuivant les gradations ci-après expliquées.

SÇAVOIR,

INFANTERIE FRANÇOISE. Celles des bataillons de l'Infanterie françoiſe, qui paſſe-ront à ladite revûe de mai à quarante hommes, auront le ſupplément de décompte du complet, & trois payes de gratification pendant les ſix mois d'hiver, du premier novembre au dernier avril.

A trente-neuf hommes, le décompte du complet & deux payes de gratification pendant quatre mois, du pre-mier janvier au dernier avril.

A trente-huit hommes, le complet & une paye de gra-tification pendant trois mois, du premier février au der-nier avril.

Et à trente-ſept hommes & au deſſous, aucun ſupplé-ment de décompte, ni paye de gratification pendant leſdits ſix mois d'hiver, à tel nombre qu'elles aient paſſé aux revûes de ces ſix mois.

Celles des cinq bataillons du régiment Royal-Artillerie, qui passeront à soixante-douze hommes, recevront le supplément de décompte du complet, & sept payes de gratification pendant les six mois d'hiver. *Régiment Royal-Artillerie.*

A soixante-onze hommes, six mois de supplément de décompte, & six payes de gratification.

A soixante-dix, quatre mois de supplément, & cinq payes de gratification.

A soixante-neuf, quatre mois de supplément, & quatre payes de gratification.

A soixante-huit, trois mois de supplément, & trois payes de gratification.

A soixante-sept, trois mois de supplément, & une paye de gratification.

Et à soixante-six & au dessous, aucun supplément ni paye de gratification.

Celles des cinq compagnies de Mineurs, qui passeront à soixante hommes, recevront le supplément de décompte du complet, & six payes de gratification pendant les six mois d'hiver. *Mineurs.*

A cinquante-neuf, six mois de supplément de décompte, & cinq payes de gratification.

A cinquante-huit, quatre mois de supplément, & quatre payes de gratification.

A cinquante-sept, quatre mois de supplément, & trois payes de gratification.

A cinquante-six, trois mois de supplément, & deux payes de gratification.

Et à cinquante-cinq & au dessous, aucun supplément ni paye de gratification.

OUVRIERS. Celles des cinq compagnies d'Ouvriers, qui passeront à quarante hommes, recevront le supplément de décompte du complet, & quatre payes de gratification pendant les six mois d'hiver.

A trente-neuf hommes, quatre mois de supplément, & trois payes de gratification.

A trente-huit, trois mois de supplément, & deux payes de gratification.

Et à trente-sept hommes & au dessous, aucun supplément ni paye de gratification.

IRLANDOIS & ECOSSOIS. Celles des six régimens Irlandois & des deux régimens Ecossois, qui passeront à trente-cinq hommes, recevront le supplément de décompte du complet, & trois payes de gratification pendant les six mois d'hiver.

A trente-quatre, quatre mois de supplément de décompte, & deux payes de gratification.

A trente-trois, trois mois de supplément, & une paye de gratification.

Et à trente-deux hommes & au dessous, aucun supplément ni paye de gratification.

RÉGIMENT ROYAL-ITALIEN. Celles du régiment Royal-Italien, qui passeront à quarante hommes, recevront le supplément de décompte du complet, & cinq payes de gratification pendant les six mois d'hiver.

A trente-neuf, quatre mois de supplément de décompte, & trois payes de gratification.

A trente-huit, trois mois de supplément, & deux payes de gratification.

Et à trente-sept hommes & au dessous, aucun supplément ni paye de gratification.

Celles du régiment Royal-Corse, qui passeront à quarante hommes, recevront le supplément de décompte du complet, & quatre payes de gratification pendant les six mois d'hiver.

A trente-neuf, quatre mois de supplément de décompte, & trois payes de gratification.

A trente-huit, trois mois de supplément, & deux payes de gratification.

Et à trente-sept hommes & au dessous, aucun supplément de décompte ni paye de gratification.

Celles des régimens d'Infanterie allemande d'Alsace, Saxe, la Marck, Royal-Suédois, Royal-Bavière, Lowendal, Nassau-Saarbruck, Fersen, la Dauphine, & Saint-Germain, qui passeront à soixante-quinze hommes, recevront le supplément de décompte du complet, & neuf payes de gratification pendant les six mois d'hiver.

A soixante-quatorze, six mois de supplément de décompte, & sept payes de gratification.

A soixante-treize, quatre mois de supplément, & cinq payes de gratification.

A soixante-douze, quatre mois de supplément, & quatre payes de gratification.

A soixante-onze, trois mois de supplément, & trois payes de gratification.

A soixante-dix, trois mois de supplément, & deux payes de gratification.

Et à soixante-neuf & au dessous, aucun supplément ni paye de gratification.

Celles des régimens Allemands de Bergh & de Royal-Pologne, qui passeront à cent hommes, recevront

ROYAL-
POLOGNE.

le supplément de décompte du complet, & douze paye
de gratification pendant les six mois d'hiver.

A quatre-vingt-dix-neuf, six mois de supplément de
décompte, & dix payes de gratification.

A quatre-vingt-dix-huit, quatre mois de supplément,
& huit payes de gratification.

A quatre-vingt-dix-sept, quatre mois de supplément,
& six payes de gratification.

A quatre-vingt-seize, trois mois de supplément, &
quatre payes de gratification.

A quatre-vingt-quinze, trois mois de supplément, &
deux payes de gratification.

Et à quatre-vingt-quatorze & au dessous, aucun supplément ni paye de gratification.

SUISSES
&
GRISONS.

Celles des neuf régimens Suisses & Grisons, compo-
sées de cent vingt hommes avec les Officiers, qui passeront à cent quinze hommes, les Officiers non compris,
recevront le supplément de décompte du complet de la
solde, pendant les six mois d'hiver, du premier novembre
au dernier avril.

A cent quatorze, cinq mois de supplément de décompte, du premier décembre au dernier avril.

A cent treize, quatre mois de supplément, du premier janvier au dernier avril.

A cent douze, trois mois de supplément, du premier
février au dernier avril.

A cent onze, deux mois de supplément, du premier
mars au dernier avril.

Et à cent dix & au dessous, aucun supplément de décompte du complet de la solde.

A l'égard

17

A l'égard des payes de gratification , comme elles sont affectées pour la majeure partie, au payement des appointemens des Officiers de la compagnie ; & Sa Majesté entrant d'ailleurs dans la considération des dépenses auxquelles le Capitaine est obligé, pour l'entretien de sa troupe, Elle veut bien que le décompte des vingt-sept payes, dont le Capitaine jouit en conséquence de l'ordonnance du 10 décembre 1748 , lui soit fait à chaque revûe, pendant toute l'année, à tel nombre d'hommes que les compagnies y passent.

X I X.

LE décompte définitif de la solde & du pain , devant être fait comme à l'ordinaire , sur le pied du nombre d'hommes qui existera à chaque revûe , il sera fait raison au Capitaine sur la revûe de mai, de la paye entière du Soldat, dans le supplément de décompte du complet de l'hiver, accordé par l'article ci-dessus; au moyen de quoi il ne sera point question d'aucun supplément de décompte du pain.

X X.

IL ne sera fait aucun payement ni décompte des payes de gratification (à l'exception des Suisses & Grisons dont il a été parlé) pendant les six mois d'hiver, elles ne seront payées que sur la revûe de mai, sur le pied des gradations portées par l'article XVIII.

Et pour exciter encore plus les Capitaines de Fusiliers à rendre leur compagnie totalement complète au mois de mai, Sa Majesté veut bien accorder à ceux qui seront parvenus à mettre leur compagnie à la première gradation du

l'exception des Suisses & Grisons.

complet, que les payes de gratification leur soient continuées sur le pied de ladite revûe de mai, aux autres revûes de l'été jusqu'au dernier octobre, à tel nombre que leur compagnie y passe.

A l'égard des compagnies qui passeront à ladite revûe de mai, à la seconde gradation & au dessous, les Capitaines recevront les payes de gratification pendant l'été, sur le pied de leur composition auxdites revûes, suivant les gradations portées par l'article XVIII de la présente ordonnance.

X X I.

COMPAGNIES de GRENADIERS.

QUANT aux compagnies de Grenadiers, Sa Majesté voulant que les Capitaines remplacent dans les premiers jours de mars, les hommes qui manqueront à leur compagnie, en les tirant de celles de Fusiliers, ils recevront le supplément de décompte du complet de la solde de leur compagnie, à commencer du premier novembre, sur la revûe qui leur sera faite pour les mois de mars & avril, laquelle servira aussi pour le décompte des payes de gratification sur le pied complet, qui leur seront dûes du premier novembre; ne devant recevoir que la solde des hommes qui seront employez sur les revûes, à commencer dudit jour premier novembre, jusqu'à celle des mois de mars & avril: Entend néanmoins Sa Majesté que lesdits Capitaines entretiennent leur compagnie au complet, depuis ladite revûe jusqu'au dernier octobre suivant.

CORPS des GRENADIERS de FRANCE.

A l'égard des compagnies du corps des Grenadiers de France, les Capitaines recevront le supplément de décompte du complet de la solde seulement, (n'ayant point de payes de gratification) pour les quatre mois qui auront précédé celui de la revûe qui fera faite audit corps après l'arrivée des Grenadiers de remplacement qui auront été fournis par les Grenadiers-Royaux ; & à cet effet les Commiffaires des guerres feront mention dans le texte de la première revûe où ces Grenadiers de remplacement feront employez, qu'elle doit fervir, tant au payement de la folde des compagnies pour le temps de ladite revûe, qu'au fupplément de décompte à faire par le Commis de l'extraordinaire des guerres, de la folde des Grenadiers qui auront manqué aux revûes des quatre mois précédens.

Et les unes & les autres compagnies feront payées pour le furplus du temps, fuivant leur compofition aux revûes, & relativement aux ordonnances de payement.

X X I I.

SA MAJESTÉ voulant procurer aux Capitaines les moyens de faire des recrues, en attendant le bénéfice du complet de l'hiver, dont ils ne pourront jouir qu'au mois de mai de l'année fuivante, Elle ordonne qu'il foit fait par le Tréforier général en exercice, une avance de trois mille fix cens livres par bataillon d'Infanterie françoife, au départ des femeftriers, dont la diftribution fera faite par le Major, aux Capitaines de Fufiliers, proportionné-ment à leurs befoins ;

Quatre mille cinq cens livres pour chaque bataillon du régiment Royal-Artillerie ;

Quatre cens livres à chaque compagnie de Mineurs ;

Trois cens livres pour chaque compagnie d'Ouvriers ;

Quatre mille huit cens livres à chacun des régimens Royal-Italien & Royal-Corfe ;

Et trois mille six cens livres à chaque bataillon Irlandois, Ecossois, Allemand & Suisse.

Le Trésorier général sera remboursé de ces avances, tant au moyen de ce que Sa Majesté accorde en temps de paix à chaque compagnie pour tenir lieu d'étape aux recrues, que sur le supplément de décompte du complet & des payes de gratification de l'hiver, qui sera fait au mois de mai.

Défend Sa Majesté aux Commis de l'extraordinaire des guerres, de faire aucune autre avance aux troupes, que celles réglées par le présent article.

X X I I I.

LES trois compagnies franches Suisses & Grisonnes, d'Heuberger, Reynold, & de Travers, continueront d'être payées en conséquence de l'ordonnance de solde du premier décembre 1747, pour le nombre d'hommes qui passeront aux revûes, qui seront faites par appel à ces compagnies tous les deux mois, suivant ce qui est porté à l'article premier de la présente ordonnance, Sa Majesté ne jugeant pas à propos de les faire participer au bénéfice du complet de l'hiver.

X X I V.

SA MAJESTÉ ayant réglé par son ordonnance du 10 février 1748, la manière dont les revûes seroient faites par les Commissaires des guerres, aux compagnies détachées de l'Hôtel Royal des Invalides, pour servir au payement de la subsistance, Elle entend qu'elle continue à avoir son exécution, à l'exception seulement que les revûes n'en seront faites par appel que tous les deux mois, sur des contrôles revêtus des mêmes formalités prescrites

par

par l'article premier de la présente ordonnance.

X X V.

Le régiment de Tournaiſis, à qui il a été accordé un traitement particulier pour le temps qu'il ſervira en Corſe, ne ſera admis à participer au bénéfice accordé aux troupes par la préſente ordonnance, qu'après ſon retour en France; &, en attendant, il continuera d'être payé ſur le pied des revûes qui lui ſeront faites, comme par le paſſé.

Les Piquets qui ont été tirez des régimens d'Infanterie françoiſe, ainſi que ceux des régimens ſuiſſe de Vigier, & griſon de Salis, & de l'Infanterie allemande de Royal-Bavière & Bergh, & le détachement du bataillon de Saint-Clair du régiment Royal-Artillerie, pour ſervir en Corſe, continueront d'y être payez de leur ſolde par à-compte, ſur les revûes qui leur ſeront faites, leſquelles ſeront envoyées avec les reçus, aux Commis de l'extraordinaire des guerres où ſe trouveront leurs corps, pour être compris dans le décompte général du régiment, & ſervir au complet des compagnies & des payes de gratification : & à l'égard du traitement extraordinaire accordé à ces piquets pour leur ſervice en Corſe, le payement leur en ſera fait par le Tréſorier ſervant près leſdites troupes, & la dépenſe employée dans ſon compte.

Quant aux Piquets du régiment Royal-Italien, qui ſont auſſi employez en Corſe, comme ils ne font plus partie de ce régiment, le décompte final de leur ſolde & de leur traitement extraordinaire, ſera fait par ledit Tréſorier, ſur les revûes, & la dépenſe portée dans ſon compte.

X X V I.

QUOIQUE la ſubſiſtance des troupes ſoit payée ſur

le pied de trente jours également par chaque mois, fans
avoir égard au 31 des mois qui en ont ce nombre, ni
au 28 ou 29 de février, cependant, lorfqu'elles marche-
ront fur leur folde le trente-unième jour d'un mois, la
fubfiftance leur fera payée pour ledit jour ; & fi c'eft dans
le mois de février, elles ne la recevront que pour
autant de jours qu'aura ce mois, ainfi qu'il en eft ufé
pour l'étape.

MANDE & ordonne Sa Majefté aux Gouverneurs
& Lieutenans généraux dans fes provinces, aux Gouverneurs de fes villes & places, à ceux qui y comman-
dent, aux Infpecteurs généraux de fes troupes d'Infanterie françoife & étrangère, aux Intendans dans les provinces & fur les frontières, aux Commandans particuliers
de chaque corps, aux Commiffaires des guerres ordonnez
à leur police, & à tous autres fes Officiers qu'il appar-
tiendra, de s'employer, chacun à fon égard, & felon qu'il
leur eft prefcrit, à l'exacte obfervation & exécution de
la préfente ordonnance, laquelle fera lûe à la tête des
troupes, par les Commiffaires des guerres, à leur première revûe, afin qu'aucun n'en prétende caufe d'igno-
rance. FAIT à Verfailles, le premier juillet mil fept cens
quarante-neuf. *Signé* LOUIS. *Et plus bas,* M. P. DE
VOYER D'ARGENSON.

1.ᵉʳ Juillet 1749.

Modèle de Contrôle.

Infanterie.

CONTROLLE de la Compagnie d

au Régiment d'Infanterie   de

OFFICIERS.

Le sieur   Capitaine. . . . . { *Marquer s'il est présent ou absent par congé, semestre, ou sans congé, depuis quel temps, & où il est allé.*

Le sieur   Capitaine en second *ou* Lieutenant. *Idem.*

Le sieur   Sous-lieutenant *ou* Enseigne. . . . *Idem.*

NOMS DE BAPTESME ET DE FAMILLE de chacun des hommes de la Compagnie.	NOM DE GUERRE.	AGE.	TAILLE.	Lieu de la naissance, en marquant, savoir, pour les François, la généralité ou l'élection ; Et pour les Etrangers, sous la domination de quel Prince.	Présens, malades ou absens.
Sergens. *Idem.*					

RECAPITULATION.

Sergens & Soldats présens. . . . .

Malades aux Hôpitaux *ou* à la chambre. . . . .

Absens par congé. . . . .

TOTAL. . . . .

Nous Capitaine, Officiers subalternes & Sergens de la compagnie d au régiment d   certifions le présent contrôle véritable. FAIT à le   jour du mois d   .   1749.

bon par nous Commandant
u régiment

Vû bon par nous Major,
du régiment